AF394078

DIE SPIELTHEORIE

Nash und das Gefangenendilemma

Verfasst von Jean Blaise Mimbang
In Zusammenarbeit mit Isabelle van Steenkiste
Übersetzt von Mareike Lobeck

Business 50MINUTEN.de

DIE SPIELTHEORIE

SCHLÜSSELINFORMATIONEN

- **Bezeichnungen:** Spieltheorie, interaktive Entscheidungstheorie, Konfliktanalyse
- **Anwendungsbereiche:**
  - Nachweis von sozialen Gesetzen und Normen, die die Zusammenarbeit einer Gruppe aufrechterhalten
  - Verwendung bei politischen Entscheidungsprozessen
  - Verständnis der Machtverhältnisse in einer Verhandlung
  - Analyseinstrument bei Konflikten
  - Methode zum Aufbau einer Vertrauensbasis innerhalb einer Gruppe
  - Anwendung in Logik und Mengenlehre
  - Verwendung in Wirtschaft, Biologie, Informatik und Evolutionstheorie
- **Warum ist es so gut?** Die Spieltheorie kann hervorragend in Verhandlungen angewandt werden, da sie zum Nachdenken über die Komplexität sozialer Interaktionen anregt und zeigt, dass

- Individuen, Unternehmen und Staaten voneinander abhängig sind.
  - Interaktion sich günstig auf die gemeinsame Problemlösung auswirkt.
  - Zusammenarbeit nicht leicht umzusetzen ist.
  - in manchen Fällen das gemeinsame Ziel nicht erreicht werden kann, wenn jeder Einzelne seine eigenen Interessen in den Vordergrund stellt.
  - die Art und Weise, in der gemeinsame strategische Entscheidungen getroffen werden, unterschiedlich sein kann.
- **Schlüsselwörter:**
  - <u>Interaktion</u>: gemeinsame Handlung, in der jeder Spieler eine Handlung ausübt oder eine Entscheidung trifft und dabei von einem anderen Spieler beeinflusst wird
  - <u>Strategie</u>: alle Verhaltensmerkmale eines Spielers in einer Situation, in der dieser spielen soll

EINLEITUNG

Im Alltag interagieren alle Akteure (Tiere, natürliche und juristische Personen, Wirtschaftsteilnehmer – Politiker, Konsumenten, Arbeit geber, Produzenten etc.) und Gruppen (Sportmannschaften, Länder, Armeen etc.) mit anderen, wenn es darum geht, Entscheidungen zu treffen. Diese Interaktionen reichen von Kooperation bis Konflikt.

Die Spieltheorie hat ein sehr weites Wirkungsfeld und kann in den unterschiedlichsten Bereichen angewandt werden. Dazu gehören unter anderem internationale Beziehungen, Wirtschaft und Politikwissenschaften sowie Philosophie und Geschichte. Die Theorie bietet verschiedene Methoden, mit denen das (wirtschaftliche, soziale etc.) Verhalten in Form von Strategiespielen dargestellt werden kann.

Hintergrund

Die ersten Analysen von Strategiespielen wurden in der Renaissance aufgezeichnet. Eine echte Theorie zu diesem Thema entstand jedoch erst im 19. und 20. Jahrhundert. Unter den Spieltheoretikern dieser Zeit finden sich vor allem die Mathematiker und Ökonomen Antoine Augustin Cournot, Émile Borel, John von Neumann, Oskar Morgenstern und John Forbes Nash, deren jeweilige Beiträge im folgenden Kapitel ausgeführt werden.

Definition

Die Spieltheorie untersucht in einem definierten Rahmen die Auswirkungen der strategischen Interaktion zwischen rational handelnden Akteuren (Spielern) mit jeweils eigenen Zielen. Diese Interaktionen umfassen Verhandlungen, Wettbewerb, gegenseitige Hilfe, Lieferung eines Guts oder einer Dienstleistung etc., sowie jegliche Handlungen mit Ergebnis. Sie führt für jeden Spieler zu einem Gewinn, der positiv oder negativ ausfallen kann.

Ziel der Theorie ist, aufzuzeigen, dass alle Individuen, Unternehmen und sogar Staaten voneinander abhängig sind und dass es in ihrem Interesse ist, ein Gleichgewicht zu finden, wodurch ihre Handlungen allen von Nutzen sind. Außerdem macht die Theorie darauf aufmerksam, dass es sinnvoller ist, sich zu verstehen als sich zu bekämpfen– auch wenn Kooperation nicht immer einfach ist.

DIE SPIELTHEORIE IN DER THEORIE

DIE BEGRÜNDER DER SPIELTHEORIE

Die ersten wirklichen Anfänge der Spieltheorie finden sich in Werken von Mathematikern in der ersten Hälfte des 19. Jahrhunderts.

Antoine Augustin Cournot

Der französische Mathematiker, Philosoph und Ökonom Antoine Augustin Cournot (1801-1877) untersucht als Erster die strategischen Aspekte der Interaktion zwischen Wirtschaftsakteuren. Sein Werk *Untersuchung über die mathematischen Grundlagen der Theorie und des Reichtums*, auf Französisch[1] 1838 erschienen, enthält die ersten Ansätze der Spieltheorie, die dann in den 1950er Jahren entwickelt wurde. Er analysiert die verschiedenen Wettbewerbsformen in Duopolsituationen (Markt mit zwei Anbietern)

---

1. *Recherches sur les principes mathématiques de la théorie des richesses*

und im besonderen Fall des Nash-Gleichgewichts (zwischen Produzenten), dessen Grundzüge er als Erster beschreibt.

Francis Ysidro Edgeworth

Während Cournot noch die strategische Interaktion zwischen zwei Produktionsbetrieben analysierte, erweitert der englische Ökonom und Anwalt Francis Ysidro Edgeworth (1845-1926) das Konzept und wendet es auf nicht produzierende Wirtschaftsakteure an. In *Mathematical Psychics, an Essay on the Application of Mathematics to the Moral Sciences* (1881) entwickelt Edgeworth eine grafische Darstellungsmethode für die Interaktion zwischen zwei nicht produzierenden Wirtschaftsakteuren: die Edgeworth-Box. Dies markiert den Einzug der Mathematik in die Wirtschaft.

GUT ZU WISSEN: DIE EDGEWORTH-BOX

Mit dieser Box können alle Möglichkeiten der Aufteilung von Ressourcen zwischen zwei Einheiten analysiert werden. Gleichzeitig lässt sich überprüfen, ob diese Zuteilung dem Pareto-Optimum entspricht – mit anderen Worten, ob es nicht möglich ist, die Situation eines Akteurs zu verbessern, ohne dabei die des anderen zu verschlechtern.

Ernst Friedrich Ferdinand Zermelo

Die moderne Literatur schreibt das erste formelle Theorem zur Spieltheorie (1913) dem deutschen Mathematiker Ernst Friedrich Ferdinand Zermelo (1871-1953) zu. Es wurde von zahlreichen Autoren aufgegriffen und dabei unterschiedlich interpretiert. Die Version von Mas-Colell et al. von 1995 besagt, dass jedes Spiel auf ein Gleichgewicht hinausläuft – „Nash-Gleichgewicht" genannt. Dabei wird vorausgesetzt, dass die Anzahl der Spielrunden im Voraus bekannt ist und jeder Spieler über perfekte Information verfügt, das heißt, er kennt nicht nur seine eigenen Strategien und Gewinnmöglichkeiten, sondern auch die aller anderen Spieler.

Das Nash-Gleichgewicht setzt sich aus reinen Strategien zusammen – Handlungsfolgen, die ein Spieler mit absoluter Sicherheit wählt, immer, wenn er an der Reihe ist – und wird durch Rückwärtsinduktion erreicht. Diese besteht darin, die optimalen Strategien der Akteure anhand ihres letzten Spielzugs zu erkennen. Mit anderen Worten werden ‚rückwärts', beginnend beim letzten Schritt, nach und nach für jeden Zug die optimalen Strategien der Spieler ermittelt. Dieses Konzept wird später noch einmal aufgegriffen.

Émile Borel

Während alle vorhergehenden Beiträge die Lösung einfacher Spiele ermöglichten, das heißt reine Strategien verwendeten, bringt der französische Mathematiker Émile Borel (1871-1956) 1921 neuen Wind in die Spieltheorie. Im vierten Band seines Werks *Traité du calcul des probabilités et ses applications* (1924-1934) führt er die Wahrscheinlichkeitsrechnung im Glücksspiel ein und formuliert das Min-Max-Theorem für Nullsummenspiele, in denen die Gewinne eines Spielers gleich den Verlusten des anderen sind. Im gleichen Werk unterteilt er Glücksspiele in zwei Kategorien:

- Die erste Kategorie umfasst alle Spiele, in denen Persönlichkeit und Geschicklichkeit eines Spielers keinen Einfluss auf den Ausgang des Spiels haben.
- In die zweite Kategorie fallen Spiele, die gleichzeitig vom Zufall und von der Geschicklichkeit der Spieler abhängen. Diese Kategorie hat Ähnlichkeiten mit Wirtschaftsphänomenen.

GUT ZU WISSEN: DAS MIN-MAX-THEOREM ODER DER HAUPTSATZ FÜR 2-PERSONEN-NULLSUMMENSPIELE

Das Theorem wurde zwar 1921 von Émile Borel erstmals formuliert, vollständig bewiesen wurde es jedoch erst einige Jahre später (1928) durch den amerikanischen Mathematiker John von Neumann. Laut Borel gibt es in einem nichtkooperativen Spiel mit zwei Spielern (in dem alle Strategieoptionen der Spieler festgelegt sind) wenigstens ein Gleichgewicht, bei dem es keinem Spieler etwas bringt, von seiner gemischten Strategie (Wahrscheinlichkeitsverteilung über die Menge der reinen Strategien eines Spielers) abzuweichen. Es wird dabei vorausgesetzt, dass die Spieler über vollkommene Information und eine feste Anzahl reiner Strategien verfügen und dass das Spiel mit einer Nullsumme endet (die Gewinne eines Spielers sind gleich den Verlusten des anderen Spielers).

Dieses Theorem ist für die Spieltheorie von großer Bedeutung, da es eine rationale Methode bietet, in einer Wettbewerbssituation (Nullsummenspiel) simultane Entscheidungen zu treffen.

John von Neumann und Oskar Morgenstern

Unter dem Einfluss des amerikanischen Mathematikers John von Neumann (1903-1957) und des deutschen Ökonoms Oskar Morgenstern (1902-1977) wird die Spieltheorie 1944 zu einer offiziellen Disziplin. Ihr gemeinsames Buch *Theory of Games and Economic Behavior* hat großen Anteil am Erfolg dieser neuen Disziplin, vor allem im Hinblick auf menschliches Verhalten. In ihrem Werk entwickeln die Autoren eine Gleichgewichtslösung für Nullsummenspiele. Beim Schach beispielsweise, wo zwei Spieler gegeneinander spielen, bedeutet das Gewinnen eines Spielers automatisch das Verlieren des anderen.

John Forbes Nash und Nachfolger

Die Veröffentlichungen des Ökonoms und Mathematikers John Forbes Nash stärken 1950 die Grundlage der Spieltheorie. Er entwickelt eine Gleichgewichtslösung für Nicht-Nullsummenspiele. Dabei stützt er sich auf die Arbeit des französischen Ökonoms Antoine Augustin Cournot von 1838 und stellt eine Gleichgewichtstheorie für nicht-kooperative Nicht-Nullsummenspielen auf. Diese Theorie verallgemeinert die 1944 von John von Neumann und Oskar Morgenstern vorgestellte Lösung.

1965 trägt der deutsche Ökonom Reinhard Selten (1930-2016) mit dem Konzept des „teilspielperfekten Gleichgewichts" seinen Teil zur Theorie bei.

Der ungarisch-amerikanische Ökonom John Charles Harsanyi (1920-2000) leistet in diesem Zusammenhang mit seiner gründlichen Analyse der Spiele mit unvollständiger Information – die „Bayes-Spiele" – einen bedeutenden Beitrag zur Spieltheorie. Mit seinem ausführlichen Artikel von 1967 macht er außerdem das sehr theoretische Konzept des „Nash-Gleichgewichts" bekannt.

Der kanadische Mathematiker Donald Bruce Gillies (1928-1975) systematisiert schließlich das Modell des allgemeinen Gleichgewichts, ausgehend von der Edgeworth-Box von Francis Ysidro Edgeworth.

Seit den Siebziger und Achtzigerjahren entwickelt sich die Spieltheorie in der Mathematik bedeutend weiter. Heute ist sie sowohl ein Zweig der Wirtschaftswissenschaften als auch der Mathematik. Allerdings ist sie, wie bereits erwähnt, auch auf soziale, medizinische, politische und wirtschaftliche Probleme anwendbar.

Dass mehrere Spieltheoretiker in den letzten Jahren den Nobelpreis für Wirtschaftswissenschaften gewonnen haben, zeigt, wie wichtig diese Theorie ist:

- John Charles Harsanyi, John Forbes Nash und Reinhard Selten im Jahr 1994
- der amerikanische Ökonom Thomas Schelling (1921-2016) und der israelische Ökonom Robert Aumann (geboren 1930) im Jahr 2005

- die amerikanischen Ökonomen Lloyd Shapley (1923-2016) und Alvin Roth (geboren 1951) im Jahr 2012

BESCHREIBUNG DER SPIELTHEORIE

Die folgenden Hypothesen liegen der Spieltheorie zugrunde:

- Das rationale Entscheidungsverhalten der Akteure (Spieler), durch das sie die für sie beste Situation anstreben, wird durch den „Nutzen" gemessen.
- Jeder Spieler kennt nicht nur seine eigenen, sondern alle Strategien und Gewinnmöglichkeiten aller anderen Spieler (vollkommene Information).
- Jeder Spieler trifft immer die für ihn beste Entscheidung, um seinen Nutzen (im Falle eines Einzelnen) oder Profit (im Falle eines Unternehmens) zu maximieren, mit dem Wissen, dass die anderen Spieler genauso handeln.
- Die in der Vergangenheit gewählten Strategien sind allen Spielern bekannt.

Methodik

Ein Strategiespiel zeichnet sich durch ein Regelwerk aus, das Folgendes beschreibt:

- die Spieler
- Strategien (Handlungen und Entscheidungen)
- Abfolge der Entscheidungen (Spielverlauf)
- Gewinne bzw. Nutzen der Spieler (je nach Strategien der Spieler). Der Nutzen wird nicht in materiellem Gewinn (Geld etc.) gemessen, sondern ist eine subjektive Einheit, die die Zufriedenheit der Spieler misst.
- Information, über die die Spieler verfügen. Diese Information kann vollkommen (perfekt) oder unvollkommen (imperfekt) sein.

Spielarten

Es gibt verschiedene Arten von Spielen:

- Nullsummen- oder streng kompetitive Spiele und Nicht-Nullsummenspiele
- Simultanspiele und sequentielle Spiele
- kooperative Spiele und nicht kooperative Spiele
- Spiele mit zwei Spielern und Spiele mit n Spielern (n > 2)

- Spiele mit vollkommener (perfekter) Information und Spiele mit unvollkommener (imperfekter) Information
- statische Spiele (ein Zug) und wiederholte Spiele (mehrere Züge) mit endlicher Wiederholung (Anzahl der Züge ist vorgegeben) oder unendlicher Wiederholung.

Strategiearten

- <u>Reine Strategie</u>: Abfolge der Handlungen, die mit Sicherheit von einem Spieler gewählt wird, wenn er am Zug ist
- <u>Gemischte Strategie</u>: Wahrscheinlichkeitsverteilung pro Spieler über seine reinen Strategien
- <u>Schwach dominante Strategie</u>: Eine Strategie S_i ist für den Spieler i schwach dominant, wenn es eine andere Strategie S_i gibt, die dem Spieler i einen kleineren oder gleichen Gewinn bringt.
- <u>Schwach dominierte Strategie</u>: Eine Strategie S_i ist für einen Spieler i schwach dominiert, wenn es eine andere Strategie S_i gibt, die dem Spieler i einen größeren oder gleichen Gewinn bringt.
- <u>Streng dominante Strategie</u>: Eine Strategie S_i ist für einen Spieler i streng dominant, wenn es keine andere Strategie S_i gibt, die dem Spieler i

einen ausschließlich größeren Gewinn bringt.

- <u>Streng dominierte Strategie</u>: Eine Strategie Si ist für einen Spieler i streng dominiert, wenn es eine andere Strategie Si gibt, die dem Spieler i einen ausschließlich größeren Gewinn bringt.

SPIELDARSTELLUNG

Das folgende Spiel wird angenommen: Es spielen zwei Spieler (Spieler 1 und Spieler 2) gegeneinander.

- Strategien von Spieler 1: X und Y
- Strategien von Spieler 2: U und V
- Abfolge der Entscheidungen: Spieler 1, danach Spieler 2
- Gewinne: In der Darstellung der Normalform werden die Gewinne in a und b unterteilt, wobei a die Gewinne von Spieler 1 darstellen und b die Gewinne von Spieler 2
  - Spieler 1 wählt X und Spieler 2 U
    - Gewinn von Spieler 1: 4
    - Gewinn von Spieler 2: 2
  - Spieler 1 wählt X und Spieler 2 V
    - Gewinn von Spieler 1: 3
    - Gewinn von Spieler 2: 1
  - Spieler 1 wählt Y und Spieler 2 U

  * Gewinn von Spieler 1: 2
  * Gewinn von Spieler 2: 5
- Spieler 1 wählt Y und Spieler 2 V
  * Gewinn von Spieler 1: 9
  * Gewinn von Spieler 2: 0

Es gilt die Hypothese, dass die beiden Spieler über vollkommene Information verfügen. Zwei Darstellungsformen für das Spiel sind möglich:

- die Extensivform, die sich besser für Spiele mit einer Folge von Entscheidungen eignet

Extensivform

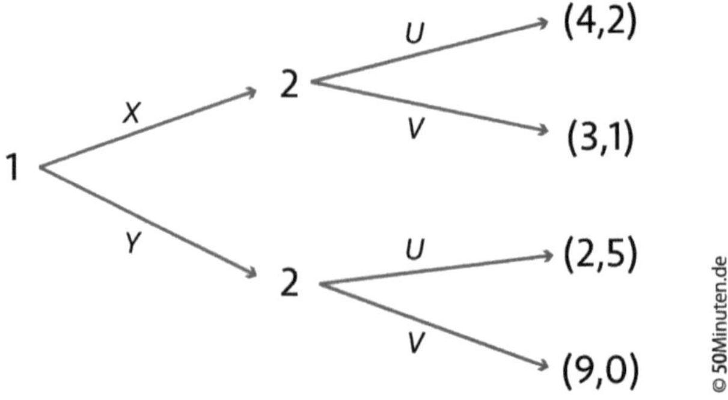

- die Strategieform, die sich besser für statische Spiele mit simultanen Entscheidungen eignet.

Strategieform

		SPIELER 2	
		U	**V**
SPIELER 1	**X**	(4,2)	(3,1)
	Y	(2,5)	(9,0)

Jede Extensivform entspricht genau einem Spiel in Strategieform, bei dem die Spieler gleichzeitig ihre Strategien wählen. Ein Spiel in Strategieform kann hingegen mehreren verschiedenen Spielen in Extensivform entsprechen.

Schrittweise Eliminierung der dominierten Strategien

Um die Strategien, die von Spieler 1 und Spieler 2 angewandt werden, zu definieren, müssen zunächst die dominanten Strategien jedes Spielers ausgemacht werden.

Spieler 2

- Wenn Spieler 1 *X* wählt, ist *U* die beste Wahl für Spieler 2, da sein Gewinn in diesem Fall 2 beträgt (im Vergleich zu 1 bei *V*).
- Wenn Spieler 1 *Y* wählt, ist *U* die beste Wahl für Spieler 2, da sein Gewinn in diesem Fall 5 beträgt (gegenüber 0 bei *V*).

Für Spieler 2 ist Strategie *U* gegenüber Strategie *V* streng dominant, da der Gewinn für Spieler 2 in beiden Fällen höher ist. Verwirft Spieler 2 Strategie *V* (streng dominiert, da er in jedem Fall verliert), sieht die Strategieform des Spiels folgendermaßen aus:

Dominante Strategie von Spieler 2

		SPIELER 2	
		U	
SPIELER 1	**X**	(4,2)	
	Y	(2,5)	

Spieler 1

Wählt Spieler 2 seine streng dominante Strategie *U*, ist *X* die beste Wahl für Spieler 1, da der Gewinn 4 beträgt (anstatt 2 bei Strategie *Y*).

Für Spieler 1 ist Strategie *X* dominant, da sie einen höheren Gewinn bietet.

Verwirft Spieler 1 die dominierte Strategie (bei der er am meisten verliert), sieht die Strategieform des Spiels folgendermaßen aus:

Dominante Strategie von Spieler 1

		SPIELER 2	
		U	
SPIELER 1	*X*	(4,2)	

Wählen die Spieler die Strategien *X* und *U*, entspricht diese Situation dem Nash-Gleichgewicht.

Das Nash-Gleichgewicht

Das Nash-Gleichgewicht ist eine Situation, in der keiner der Spieler in Anbetracht der gewählten Strategien seiner Mitspieler seine eigene Strategie ändern möchte. Da die Spieler strategisch handeln, entscheidet sich jeder für die Strategie, mit der er am besten auf die Strategien der anderen reagiert.

Über sukzessive Eliminierung der dominierten Strategien wird das Nash-Gleichgewicht bestimmt, da diese Strategien nie von ihren Spielern eingesetzt werden (dies gebietet der gesunde Menschenverstand).

In diesem Beispiel entspricht das Nash-Gleichgewicht den folgenden Strategien:

- *X* für Spieler 1
- *U* für Spieler 2

Die so entstehenden Gewinne verteilen sich wie folgt:

- Gewinn Spieler 1: 4
- Gewinn Spieler 2: 2

Ein Spiel kann durch sukzessive Eliminierung der dominierten Strategien gelöst werden, wenn am Ende der Eliminierung nur noch eine einzige Strategie (ein einziges Profil) für jeden Spieler übrigbleibt. Das Nash-Gleichgewicht besteht aus so gewählten Strategien. Das Gleichgewicht, das durch die sukzessive Eliminierung (streng) dominierter Strategien erreicht wird, hängt nicht von der Reihenfolge ab, in der die Strategien verworfen werden. Ein anderes Gleichgewicht wird hingegen gefunden, wenn auch schwach dominierte Strategien verworfen werden. Das Nash-Gleichgewicht ist stabiler, wenn ausschließlich streng dominierte Strategien und nicht die schwach dominierten sukzessive eliminiert werden.

In manchen Fällen können Spiele nicht gelöst werden.

Das Pareto-Optimum

Ein Spiel mit reinen Strategien kann mehrere Nash-Gleichgewichte beinhalten, oder auch keins. In diesem Fall liegt die Schwierigkeit darin, ein bestimmtes Gleichgewicht auszuwählen.

Das Pareto-Optimum besagt, dass ein Strategieprofil A ein Strategieprofil A' dominiert, wenn A in jedem Fall für alle Spieler besser ist.

GUT ZU WISSEN: SICHERHEITSNIVEAU

Das Sicherheitsniveau einer Strategie für einen Spieler ist definiert als der minimale Gewinn dieser Strategie, egal wie sich die anderen Spieler entscheiden. Das Sicherheitsniveau S_i des Spielers i ist das maximale Sicherheitsniveau der Strategien von i.

In diesem Beispiel:

- Das Sicherheitsniveau der Strategie X von Spieler 1 ist 3.
- Das Sicherheitsniveau der Strategie Y von Spieler 1 ist 2.
- Das Sicherheitsniveau der Strategie U von Spieler 2 ist 2.

- Das Sicherheitsniveau der Strategie *V* von Spieler 2 ist 0.

Das Sicherheitsniveau von Spieler 1 ist auch 3, vorausgesetzt das von Spieler 2 ist 2.

Gemischte Strategien

Die bislang betrachteten Strategien waren reine Strategien (Handlungsmöglichkeiten, die sich den Spielern auftun). Wie bereits erwähnt, stellt die gemischte Strategie die Wahrscheinlichkeitsverteilung über die Gesamtheit der reinen Strategien dar. Die Spieler wählen ihre Strategien zufällig mit einer be-stimmten Wahrscheinlichkeit.

Zur Veranschaulichung wird für das betrachtete Beispiel angenommen, dass Spieler 1 zufällig *X* und *Y* mit einer Wahrscheinlichkeit von ½ (0,5) spielt und Spieler 2 genauso handelt.

- Strategieform des Spiels mit gemischter Strategie: In einem von zwei Fällen (0,5 oder ½) wählt Spieler 1 Strategie *X* und in einem von zwei Fällen (0,5 oder ½) Strategie *Y*. Spieler 2 handelt genauso.

Strategieform des Spiels mit gemischter Strategie

		SPIELER 2	
		0,5 U	**0,5 V**
SPIELER 1	**0,5 X**	(4,2)	(3,1)
	0,5 Y	(2,5)	(9,0)

- Erhoffte Gewinne:
  - Wählt Spieler 2 *U*, dann betragen die erhofften Gewinne von Spieler 1 (0,5 x 4) + (0,5 x 2) = 3.
  - Wählt Spieler 2 *V*, dann betragen die erhofften Gewinne von Spieler 1 (0,5 x 3) + (0,5 x 9) = 6.
  - Wählt Spieler 1 *X*, dann betragen die erhofften Gewinne von Spieler 2 (0,5 x 2) + (0,5 x 1) = 1,5.
  - Wählt Spieler 1 *Y*, dann betragen die erhofften Gewinne von Spieler 2 (0,5 x 5) + (0,5 x 0) = 2,5.

- Bei einem Nash-Gleichgewicht mit gemischten Strategien wählt jeder Spieler die Strategie, mit der er seinen Gewinn maximieren kann. Bei dem Nash-Gleichgewicht in diesem Beispiel wählt Spieler 1 mit einer Wahrscheinlichkeit von ½ (0,5) Strategie *Y* und Spieler 2 mit einer Wahrscheinlichkeit von ½ (0,5) Strategie *V*. Der erhoffte Gewinn von Spieler 1 beträgt 6 und von Spieler 2 2,5. Das Nash-Theorem wird hier erfüllt, da jedes Spiel in Strategieform mit gemischter Strategie ein Nash-Gleichgewicht beinhaltet.

DAS GEFANGENENDILEMMA

Es gibt ein Beispiel, an dem sich mehrere Konzepte der Spieltheorie zeigen lassen: das Gefangenendilemma. Die erste Version dieses Dilemmas wurde 1950 von den Forschern der RAND Corporation (die 1945 gegründete Forschungs- und Entwicklungsabteilung der US Air Force) vorgestellt. Anhand dieser Version kann das Wettrüsten, ebenso wie der nukleare Abrüstungsprozess erklärt werden.

Ausgangssituation des Gefangenendilemmas

Zwei Diebe werden von der Polizei festgenommen und getrennt voneinander befragt. Die Polizei ist überzeugt, dass beide schuldig sind, hat jedoch für eine hohe Strafe nicht genügend Beweise. Die Diebe wiederum haben einander vor der Festnahme versprochen, sich nicht zu verraten. Die Polizei, die unbedingt die Geständnisse der beiden Männer haben möchte, verspricht also demjenigen die Freiheit, der gesteht, wenn er dies als einziger tut. Darauf beruht das Dilemma: Einerseits wissen die Gefangenen, dass sie nur eine leichte Strafe zu erwarten haben, wenn sie der Polizei kein Geständnis liefern. Andererseits ist jeder versucht, die Tat zu gestehen, um freizukommen.

Strategieform des Gefangenendilemmas

Strategieform des Gefangenendilemmas

		SPIELER 2	
		Leugnen	Gestehen
SPIELER 1	Leugnen	(-1,-1)	(-5,0)
	Gestehen	(0,-5)	(-4,-4)

In diesem Fall können die beiden Spieler (Diebe) zwischen zwei Strategien wählen: Leugnen oder gestehen. Jede Zelle zeigt die *payoffs* (Gewinne) der Spieler. Die erste Zahl entspricht dem Ergebnis für Spieler 1, die zweite Zahl dem für Spieler 2. Üblicherweise wird hier die Anzahl der Jahre der Freiheitsstrafe als negative Zahl angegeben. So kann deutlich gemacht werden, dass es sich um einen Nutzenverlust handelt. Ziel jedes Spielers ist, die Dauer der Freiheitsstrafe zu minimieren.

Dominante Strategien der beiden Spieler

- Entscheidet sich Spieler 2 zu leugnen, sollte Spieler 1 gestehen, um so ein Jahr Freiheitsstrafe zu umgehen und frei zu sein.
- Entscheidet sich Spieler 2 zu gestehen, sollte Spieler 1 gestehen, um nur eine Freiheitsstrafe von vier Jahren zu bekommen, anstelle der Strafe von fünf Jahren, wenn er leugnet.
- Entscheidet sich Spieler 1 zu leugnen, sollte Spieler 2 gestehen, um so ein Jahr Freiheitsstrafe zu umgehen und frei zu sein.
- Entscheidet sich Spieler 1 zu gestehen, sollte Spieler 2 gestehen, um nur eine Freiheitsstrafe

von vier Jahren zu bekommen, anstelle der Strafe von fünf Jahren, wenn er leugnet.

Die Strategie „gestehen" ist hier für beide Spieler die dominante Strategie. Egal, wie sich ein Spieler entscheidet, der andere Spieler erhält immer ein besseres Ergebnis, wenn er seinen Komplizen verrät. Dies ist das Nash-Gleichgewicht.

Das Nash-Gleichgewicht und das Gefangenendilemma

Die logische Lösung des Spiels (Nash-Gleichgewicht) wäre, dass jeder Spieler den anderen verrät. Beide bekämen so eine Freiheitsstrafe von vier Jahren. Würden sie jedoch miteinander kooperieren (indem beide schweigen), bekämen sie lediglich eine Freiheitsstrafe von einem Jahr. Das Gefangenendilemma veranschaulicht den Konflikt zwischen Allgemeinwohl, das durch Kooperation steigt, und individuellen Anreizen, nicht zu kooperieren. In einer Situation, in der ein Spieler nicht sicher weiß, wie sich der andere entscheiden wird, ist der für ihn sinnvollste Weg zu gestehen – obwohl es im allgemeinen Interesse wäre, zu leugnen. Gesetze, Normen und soziale Regeln, die eine gewisse Kooperation vorgeben,

sind also wichtig, in der Praxis jedoch schwer zu
finden.

- 41 -

DIE SPIELTHEORIE: SCHWÄCHEN UND ERGÄNZUNGEN

SCHWÄCHEN UND KRITIK

Schwächen und Kritik der Spieltheorie sind zahlreich und betreffen sowohl die Bezeichnung des Spiels selbst, als auch die Bezeichnung des Gleichgewichts und mögliche Anwendungen der Theorie.

Bezeichnung des Spiels

Spieltheoretiker verwenden das Wort „Spiel" für jedes Modell, das eine Anzahl Individuen (Spieler), Strategien und *payoffs* (Gewinne) beinhaltet. Der Begriff „Spiel" verweist nicht auf eine symbolische Spaßaktivität, sondern auf eine Anzahl Abhängigkeiten mit einer zentralen Problemstellung.

Bezeichnung des Nash-Gleichgewichts

Im allgemeinen Sprachgebrauch entspricht ein Gleichgewicht meist einem „Ruhezustand", den Dinge annehmen, die sich vorher noch bewegt haben. In der Spieltheorie wird das Wort „Gleichgewicht" jedoch zur Bezeichnung des Hauptkonzepts verwendet: das Nash-Gleichgewicht. Dieses wird erreicht, da jeder Spieler richtig annimmt, wie die Entscheidungen der anderen ausfallen. Bei gleichzeitig getroffenen Entscheidungen macht die Vorstellung eines Prozesses nicht viel Sinn, der durch sukzessive Anpassungen der Annahmen zu einem Gleichgewicht führt. Es ist also sehr schwierig, an ein „Gleichgewicht" zu denken, ohne es auf die eine oder andere Weise mit Dynamik zu verbinden.

Dies kann am Cournot-Duopol veranschaulicht werden, aus dem das Nash-Gleichgewicht entstanden ist. In diesem bekannten Modell zum unvollkommenen Wettbewerb (die Marktstruktur wird durch Produzenten bestimmt, die einen Preis festlegen können, der nicht dem Marktpreis entspricht) macht jedes Unternehmen ein Angebot auf Grundlage des vermuteten Angebots des anderen

Unternehmens. Ohne seine Konkurrenz zu kennen, nimmt das Unternehmen an, dass das andere Unternehmen seine Meinung nicht mehr ändert, wenn es sich einmal entschieden hat. Das Cournot-Gleichgewicht besagt, dass jedes Unternehmen sein Angebot festlegt, indem es genau voraussieht, was das andere tun wird. So wird nicht nur keine Dynamik geschaffen, die zu einem Gleichgewicht führen könnte, die Gleichgewichtslösung wird auch nie eintreten – außer in dem unwahrscheinlichen Fall, dass ein Unternehmen zufällig das Angebot des anderen errät.

In diesem Zusammenhang kann die Kritik auch auf ein weiteres nicht-kooperatives Gleichgewichtsmodell ausgeweitet werden. Im Duopol von Joseph Louis François Bertrand (französischer Mathematiker und Ökonom, 1822-1900), in dem die Unternehmen preisbasierte Strategien verwenden, wird nie ein Nash-Gleichgewicht erreicht, weil beide Unternehmen ihren Preis gleich den Durchschnittskosten (die als konstant vorausgesetzt werden) festlegen. Da der Profit bei diesem Preis gleich Null ist, liegt es in ihrem Interesse, einen die Kosten übersteigenden Preis festzulegen und so mit einer Wahrscheinlichkeit von 1:2 rein positiven Profit zu machen (anstelle von Null). Deswegen wählt keines der Unternehmen die Lösung des Nash-Gleichgewichts.

Eine weitere Schwäche des Nash-Gleichgewichts liegt darin, dass die Spieler ihre Strategie nach Spielbeginn nicht mehr ändern können.

Anwendungen der Spieltheorie

Die oben aufgeführte Definition der Spieltheorie macht deutlich, wie schwierig ihre Anwendung im wahren Leben ist. Es ist nahezu unmöglich, Beispiele für Situationen zu finden, die dem Gefangenendilemma entsprechen. Das liegt auch daran, dass die Entscheidungen von Individuen stark von deren Wertesystem – Ergebnis ihrer Bildung und Kultur – abhängen. Da sie im Alltag nicht auftreten, werden die Spielbedingungen im Labor geschaffen. Die Spieltheorie kann also auch in Kontexten, die zunächst günstig wirken (Interaktion), nur schwierig auf die Realität ange-wandt werden.

Abschließend kann hervorgehoben werden, dass viele Stimmen (unter ihnen Bernard Guerrien in seinem Werk *La Théorie des jeux* von 1993) behaupten, die Spieltheorie bringe im Allgemeinen weder eine Lösung noch einen Mehrwert für die Spieler. Sie lenkt die Aufmerksamkeit letztendlich auf Probleme, die durch individuelle Entscheidungen im interaktiven Kontext entstehen, wenn alle Hypothesen des Modells festgelegt wurden. Dieses Werkzeug der experimentellen Ökonomik ist also mit Vorsicht anzuwenden.

ERGÄNZUNGEN UND VERWANDTE MODELLE

Alle genannten Schwächen und Kritikpunkte beruhen hauptsächlich auf der Tatsache, dass es sich um ein einfaches, einmaliges Spiel handelt und dass es keine Kooperation zwischen den Spielern gibt. Was passiert also, wenn die Spieler kooperieren und die Interaktion mehrere Male wiederholt wird?

Kooperation entsteht einfacher, wenn sich die Interaktion wiederholt. Dies wird als „wiederholtes Spiel" bezeichnet. Warum verkauft Ihnen Ihr Blumenhändler einen schönen

Blumenstrauß zum gleichen Preis, zu dem er Ihnen auch einen weniger schönen Strauß, den er preiswerter eingekauft hat, verkaufen könnte? Höchstwahrscheinlich möchte er, dass Sie in den nächsten Tagen wiederkommen. Indem Sie wieder in seinen Laden gehen, kooperieren Sie als Kunde.

Spielwiederholung stellt ein starkes Motiv für Kooperation dar. Wird beim ersten Zug kooperiert, verleitet dies dazu, auch beim zweiten Zug zu kooperieren. Bei statischen Spielen mit nur einem Zug besteht diese Motivation nicht.

Es gibt zwei Arten von wiederholten Spielen:

- die mit definitiv vorhersehbarem Ausgang
- die mit ungewissem Ausgang

Diese Unterscheidung ist wichtig, da sich die Spieltheorie unterschiedlich auswirkt.

Endlich wiederholte Spiele

Bei dieser Art Spiel ist der Ausgang wichtig. Er ist den Spielern schon im Vorhinein bekannt. Die Ergebnisse der vorhergehenden Züge sind ebenfalls allen bekannt. Das Nash-Gleichgewicht wird durch Rückwärtsinduktion (*backward-induction*) ermittelt.

Gut zu wissen: Die Rückwärtsinduktion

Die Idee besteht darin, die optimalen Strategien der Spieler für den letzten Spielzug zu ermitteln. Dann wird das Spiel von hinten nach vorne induziert.

Anhand des bereits erklärten Beispiels des Gefangenendilemmas lässt sich erahnen, was passiert, wenn das Spiel eine bestimmte Anzahl an Malen wiederholt wird.

Im letzten Zug (T), nach dem das Spiel beendet sein wird, ist die beste Entscheidung für jeden Spieler im Hinblick auf seinen individuellen Nutzen, zu gestehen (gleiches Ergebnis wie bei einem statischen Spiel). Das Nash-Gleichgewicht wird also angewandt (gestehen, gestehen).

Beim Zug T-1 (vorletzter Zug) liegt es noch im Interesse der Spieler, zu kooperieren, da sie wissen, dass es noch einen weiteren Zug geben wird. Gleichzeitig ist bekannt, dass bei diesem keine Kooperation mehr möglich ist. So bietet die Kooperation auch bei T-1 keinen Vorteil mehr und es entsteht wieder das Nash-Gleichgewicht (gestehen, gestehen). Was für T-1 gilt, gilt auch für T-2 und alle weiteren Züge bis zum ersten. Durch Rückwärtsinduktion ist es möglich zu zeigen, dass die Spieler bei jedem Zug die Strategie „gestehen" wählen werden. Das Ergebnis kann dadurch erklärt werden, dass die Spieler vorhersehen, was passieren wird.

Unendlich wiederholte Spiele

Es gibt zwei Arten unendlich wiederholter Spiele:

- die mit ewiger Fortsetzung (ohne zeitliches Limit)
- die mit plötzlichem Ende (zufällig), was realistischer ist.

Bei endlich wiederholten Spielen ist es möglich, durch Rückwärtsinduktion das Nash-Gleichgewicht zu ermitteln, da es ausreicht, die Entscheidung der Spieler im Zug T vorauszuahnen. Bei einem unendlich wiederholten Spiel ist diese Schlussfolgerung nicht möglich, da es viele verschiedene Strategien und so auch eine Vielzahl an Gleichgewichten gibt.

Eine wissenswerte, zentrale Erkenntnis der Spieltheorie, die wegen ihrer Komplexität allerdings an dieser Stelle nicht bewiesen wird, ist die folgende: Wenn die Akteure geduldig genug sind, entsprechen die Strategien mit Kooperationszügen dem Nash-Gleichgewicht.

Dies kann am Beispiel des unendlich wiederholten Gefangenendilemmas veranschaulicht werden.

Drei Strategiepaare sind für das Gleichgewicht möglich:

- Spieler 1 und Spieler 2 wählen immer „gestehen". Wie bereits erwähnt, bietet dieses Gleichgewicht nur begrenzten Nutzen.
- Beide Spieler entscheiden sich zu leugnen. Sobald ein Spieler von dieser Übereinkunft abweicht, reagiert der andere, indem er von nun an „gestehen" wählt.
- Es herrscht die Regel „Auge um Auge, Zahn um Zahn", nach der derjenige, der gesteht, dadurch bestraft wird, dass der andere so

oft „gestehen" wählt, bis der entstandene Schaden gleich groß ist (Anzahl der Jahre im Gefängnis). Wenn Spieler 1 also gesteht, gesteht Spieler 2 auch, um den anderen nicht von seiner Freiheit profitieren zu lassen.

Die „Auge um Auge, Zahn um Zahn"-Regel ist tatsächlich die für alle am glaubwürdigsten und profitabelsten scheinende Vereinbarung. Das Ergebnis ist dasselbe, egal, welche Person bestraft. Der Glaube an eine immanente Gerechtigkeit, ob im Himmel oder auf Erden, kann genauso ein Koordinations- und Stabilitätsfaktor sein wie die Bedrohung durch den Gegner. Wenn beide Spieler rational handeln, werden sie dagegen nicht von der Vereinbarung abweichen. Die Bestrafung findet in diesem Fall keine Anwendung.

DIE SPIELTHEORIE IN DER PRAXIS

DAS POLITISCHE SPEKTRUM

Es wird angenommen, dass die politischen Meinungen in einem Land gleichmäßig auf einer Achse von extrem links bis extrem rechts verteilt sind. Zwei Parteien (A und B) wollen sich vor den Wahlen politisch positionieren, um so viele Stimmen wie möglich zu sammeln.

Diese Situation lässt sich wie folgt darstellen:

Das politische Spektrum

Extrem rechts	Mitte (0)	Extrem links

$$\longleftrightarrow$$

Außerdem wird angenommen, dass die Parteien nacheinander die politische Bühne betreten und dass der Wähler die Partei wählt, die seine Meinungen am ehesten vertritt.

Fall 1

Wenn sich die erste Partei (A) links positioniert, positioniert sich die zweite Partei (B) auch links, aber etwas weiter rechts als A, um die Wähler der linken Mitte, der Mitte und von rechts anzusprechen und so die Wahl zu gewinnen.

Diese Situation lässt sich wie folgt darstellen:

Politisches Spektrum, Fall 1

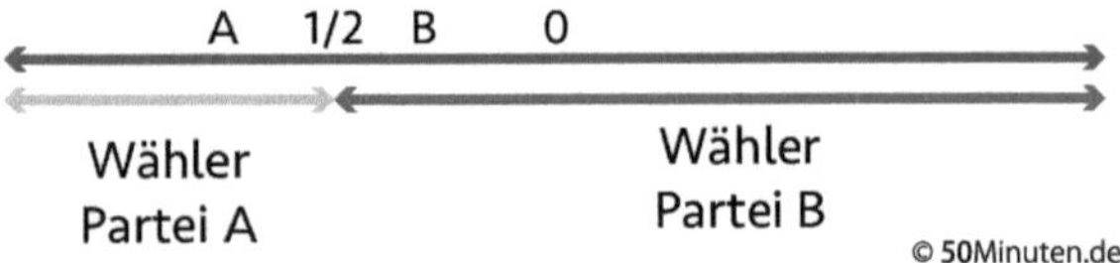

Die zweite Partei (B) bekommt alle Wählerstimmen, die sich rechts von ihr befinden und zusätzlich die Hälfte der Stimmen, die sie sich mit Partei A im linken Spektrum teilt.

Fall 2

Wenn sich die erste Partei (A) rechts positioniert, sollte sich die zweite Partei (B) ebenfalls rechts positionieren, aber etwas weiter links als A, um die Wahl zu gewinnen.

Diese Situation lässt sich wie folgt darstellen:

Politisches Spektrum, Fall 2

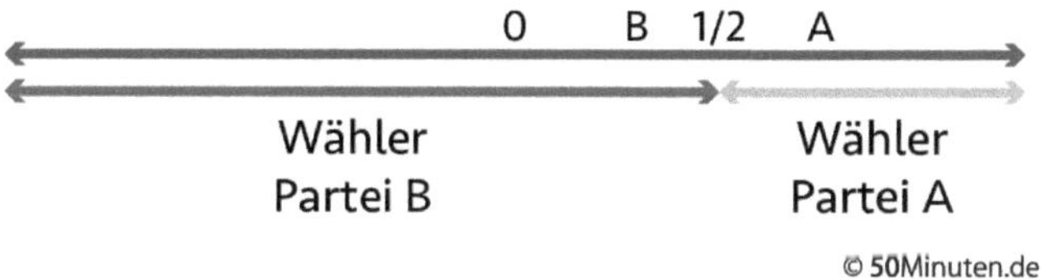

Wie schon im ersten Fall gewinnt Partei B.

Beide Parteien sollten sich also in der Mitte des politischen Spektrums positionieren. Dieses Ergebnis ist längst nicht nur Theorie. Im Gegenteil bildet es recht treffend die politische Situation in den USA ab, wo teils nur schwer zwischen Republikanern und Demokraten unterschieden werden kann.

Fall mit einer weiteren Partei

Angenommen, die beiden betrachteten Parteien wissen, dass sich eine dritte politische Partei (C) in der politischen Landschaft niederlassen möchte.

- Entspricht die politische Situation des Landes Fall 1, sollte sich die dritte Partei etwas rechts von Partei B ansiedeln, um ungefähr die Hälfte der Stimmen zu erhalten.
- Entspricht die politische Situation des Landes Fall 2, sollte sich die dritte Partei etwas links von Partei B ansiedeln, um ungefähr die Hälfte der Stimmen zu sammeln.

Um diese beiden wenig profitablen Situationen zu vermeiden, die beim erwarteten Auftreten einer dritten Partei auf der politischen Bühne entstehen würden, werden sich die beiden ersten Parteien jeweils in der Mitte der linken und rechten Wählerschaft positionieren. So können sie jeweils die Hälfte der Wählerschaft für sich gewinnen.

Die politische Bühne teilen?

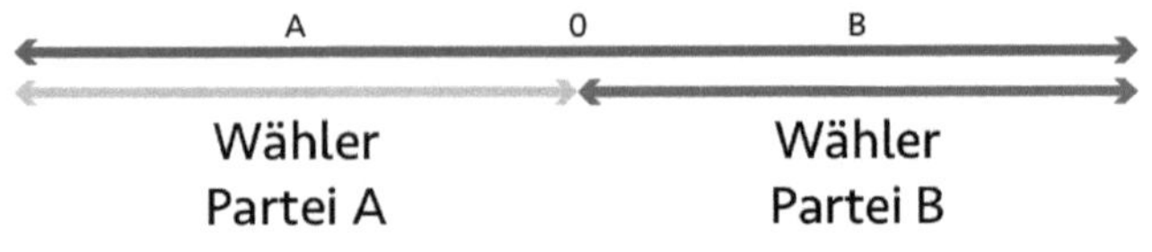

Sollte sich die dritte Partei trotz dieser Positionierung dazu entschließen, die politische Bühne zu betreten, wird sie nur ein Viertel der Stimmen (2/8) bekommen, wenn sie sich in der Mitte positioniert, während die anderen beiden Parteien 3/8 der Stimmen erhalten.

Drei Parteien auf der politischen Bühne?

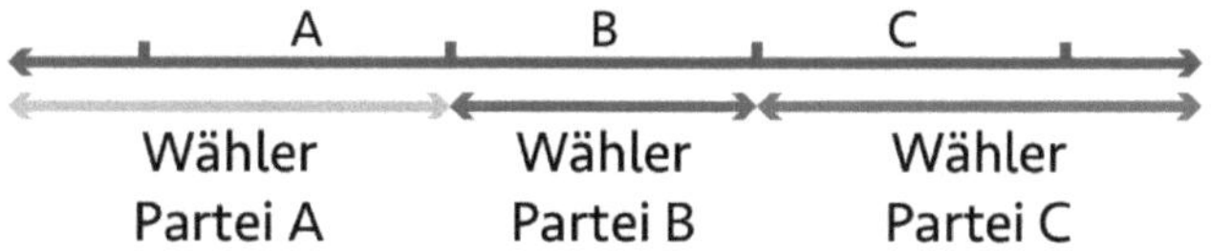

© 50Minuten.de

Welchen Nutzen zieht die dritte Partei in diesem Fall daraus, die politische Bühne zu betreten? Ein außenstehender Beobachter würde darin sicherlich keinen Sinn sehen. Hier muss jedoch differenziert werden, da sich eine solche Positionierung in manchen Ländern durchaus auszahlen kann. In einem politischen System wie dem deutschen kann auch eine kleine Partei mitregieren, wenn sie mit anderen Parteien eine Koalition bildet.

ZUSAMMENGEFASST

- Die ersten Glücksspielanalysen reichen bis in die Renaissance zurück. Die Arbeiten von Antoine Augustin Cournot, Francis Ysidro Edgeworth, Ernst Friedrich Ferdinand Zermelo und Émile Borel tragen in der Folge aktiv zur Definition der Spieltheorie bei.
- Das Werk *Theory of Games and Economic Behavior* von John von Neumann und Oskar Morgenstern ruft die Theorie 1944 schließlich ins Leben.
- 1950 wird das Konzept der „Gleichgewichtslösung bei Nicht-Nullsummenspielen" von John Forbes Nash und 1965 das „teilspielperfekte Gleichgewicht" von Reinhard Selten vorgestellt. Charles Harsanyi macht das Konzept des Nash-Gleichgewichts 1967 bekannt und im gleichen Jahrzehnt systematisiert Donald Bruce Gillies das allgemeine Gleichgewicht. Seit den Siebziger- und Achtzigerjahren hat sich die Spieltheorie bedeutend weiterentwickelt. Viele Spieltheoretiker sind seitdem ausgezeichnet worden (Nobelpreis für Wirtschaftswissenschaften).

- Die Spieltheorie ist nicht nur enorm hilfreich bei Verhandlungen, ihr Hauptziel ist außerdem, zu zeigen, dass Individuen, Unternehmen und Staaten voneinander abhängig sind und dass Interaktion bei der Lösung von gemeinsamen Problemen hilft. Zudem macht die Theorie deutlich, dass eine solche Kooperation nicht leicht umzusetzen ist, dass es jedoch in manchen Fällen besser sein kann, sich zu verstehen als sich zu bekämpfen.

- Das Anwendungsspektrum der Spieltheorie ist enorm weit und erstreckt sich auch auf den Alltag, vor allem in der Politik.

- Schwächen und Kritik an der Spieltheorie beziehen sich auf die Bezeichnung des Spiels (ungünstige Wortwahl, die an Vergnügen denken lässt, obwohl es sich um eine Anzahl Abhängigkeiten mit einer zentralen Problemstellung handelt), auf das Nash-Gleichgewicht (der zum Gleichgewicht führende Prozess ist nicht dynamisch) und die Anwendungen des Modells (es ist quasi unmöglich, im wahren Leben eine direkte Anwendungsmöglichkeit zu finden).

- Da Kritik an der Spieltheorie vor allem auf der Tatsache beruht, dass diese sich nur auf ein einfaches, einmaliges und nicht kooperatives Spiel bezieht, haben Spieltheoretiker das Grundmodell um (endlich und unendlich) wiederholte Spiele ergänzt. Diese bringen die Spieler eher dazu, freiwillig miteinander zu kooperieren.

- Zwar kann die Spieltheorie nicht auf alle Aspekte des gesellschaftlichen Lebens angewandt werden, in Medizin, Politik, militärischer Strategie und Wirtschaft ist sie jedoch durchaus nützlich. Sie ermöglicht so eine gewisse Distanz zu den Ereignissen, wodurch Anreize entstehen, über die Komplexität sozialer Interaktionen nachzudenken.

DARÜBER HINAUS

LITERATURVERZEICHNIS

- *Centre pour la communication scientifique directe.* Offenes Online-Archiv auf Französisch. http://hal.archives-ouvertes.fr/ (20.03.2018).

- Davis, Morton: *Introduction à la théorie des jeux.* Armand Colin: Paris 1974.

- *Encyclopædia Universalis.* Online-Enzyklopädie auf Französisch. (2018). http://www.universalis.fr/ (20.03.2018).

- Friedman, James: *Game Theory with Applications to Economics.* Oxford University Press: Oxford 1990.

- Gabszewicz, Jean: „Théorie du noyau et de la concurrence imparfaite". In: *Recherches Économiques de Louvain* 36 (Juli 1970), S. 21-37.

- Giraud, Gaël: *La Théorie des jeux.* Flammarion: Paris 2000.

- *Le Monde.* Internetauftritt der französischen Tageszeitung. http://www.lemonde.fr/ (20.03.2018).

- Moulin, Hervé; de Possel, René: *Fondations de la théorie des jeux.* Hermann: Paris 1979.

- Ponssard, Jean-Pierre: *Logique de la négociation et théorie des jeux*. Éditions d'Organisation: Paris 1977.

- Smith, John Maynard: *Evolution and the Theory of Games*. Cambridge University Press: Cambridge 2002.

- Thisse, Jean François: *Théorie des jeux. Une introduction*. Vorlesungsskript. Université catholique de Louvain, Fakultät der Wirtschaftswissenschaften: Louvain-la-Neuve 2004.

- Tirole, Jean: *Concurrence imparfaite*. Economica: Paris 1985.

- Yildizoglu, Murat: *Introduction à la théorie des jeux. Manuel et exercices corrigés*. Dunod: Paris 2011.

WEITERFÜHRENDE LITERATUR

- Cournot, Antoine Augustin: *Untersuchung über die mathematischen Grundlagen der Theorie und des Reichtums*. Fischer: Jena 1924.

- Bartholomae, Florian; Wiens, Marcus: *Spieltheorie. Ein anwendungsorientiertes Lehrbuch*. Springer Gabler: Wiesbaden 2016.

- Edgeworth, Francis Ysidro: *Mathematical Psychics, an Essay on the Application of Mathematics to the Moral Sciences*. C.K. Paul & Co.: 1881.

- Sauer, Tomas: *Spieltheorie*. Logos Verlag: Berlin 2017.

- Von Neumann, John; Morgenstern, Oskar: *Theory of Games and Economic Behavior.* Jubiläumsausgabe. Princeton University Press: Princeton 2007.

MEHR AUF 50MINUTEN.DE

- Delers, Antoine: *Das Pareto-Prinzip. Die 80/20-Regel.* Aus dem Französischen von Mareike Lobeck. Plurilingua Publishing: Brüssel 2018.

www.50Minuten.de

ISBN digitale Ausgabe: 9782808008808

ISBN gedruckte Ausgabe: 9782808008976

Pflichtexemplar: D/2018/12603/206

Cover: © Plurilingua

Digitale Aufbereitung: Primento, der digitale Partner der Herausgeber